DIABÈTE

Dans la même collection SAVOIR QUOI MANGER

Marise Charron et Elisabeth Cerqueira, *Arthrite et inflammation*, 2013
Alexandra Leduc, *Hypoglycémie*, 2013
Nathalie Verret, *Maladies cardiovasculaires*, 2013
Alexandra Leduc, *Ménopause*, 2014
Alexandra Leduc, *Cholesterol*, 2014
Alexandra Leduc, *Syndrome du côlon irritable*, 2014
Elisabeth Cerqueira et Marise Charron, *Sans gluten*, 2014

À la mémoire de Robert Jodoin,
qui a inspiré cette collection.

© Alexandra Leduc et Les Publications Modus Vivendi inc., 2013

LES PUBLICATIONS MODUS VIVENDI INC.
55, rue Jean-Talon Ouest, 2ᵉ étage
Montréal (Québec) H2R 2W8
CANADA

www.groupemodus.com

Éditeur : Marc Alain
Éditrice déléguée : Isabelle Jodoin
Adjointe à l'édition et réviseure : Nolwenn Gouezel
Designers graphiques : Émilie Houle, Gabrielle Lecomte et Marianne Lapointe
Photographe des recettes et de l'auteure : André Noël
Styliste culinaire : Gabrielle Dalessandro
Photographies des recettes page 63 © Jabiru | Dreamstime.com, page 69 © Branislav Senic | Dreamstime.com, page 125 © Rozana Saveliev | Dreamstime.com, page 127 © Ukrphoto | Dreamstime.com
Photographies supplémentaires : Dreamstime.com
Correctrice : Catherine LeBlanc-Fredette

ISBN 978-2-89523-777-8

Dépôt légal — Bibliothèque et Archives nationales du Québec, 2013
Dépôt légal — Bibliothèque et Archives Canada, 2013

Nous reconnaissons l'aide financière du gouvernement du Canada par l'entremise du Fonds du livre du Canada pour nos activités d'édition.

Gouvernement du Québec — Programme de crédit d'impôt pour l'édition de livres — Gestion SODEC

Imprimé en Chine en avril 2014

SAVOIR QUOI MANGER

DIABÈTE

21 JOURS DE MENUS

Alexandra Leduc, nutritionniste-diététiste, Dt.P.

MODUS VIVENDI

TABLE
des matières

INTRODUCTION

Le but de ce livre est de vous offrir des outils pour vous permettre de manger sainement et de mieux contrôler votre diabète.

Bien que ce livre s'adresse en particulier aux diabétiques, les recommandations et les recettes présentées peuvent être suivies par tout le monde à titre de prévention du diabète.

Il est certain que cet ouvrage ne remplace pas l'expertise d'un ou d'une nutritionniste-diététiste qui pourra, lors d'une rencontre, évaluer vos besoins, vos habitudes de vie, votre niveau d'activité physique, prendre en compte vos goûts et vos aversions, et ainsi vous proposer un programme nutritionnel personnalisé.

Un tel programme vous permettra de mieux contrôler votre diabète en synergie avec la médication et l'activité physique. Manger plus équilibré vous aidera à diminuer les risques de complications liées au diabète.

Le diabète est une maladie chronique, un trouble métabolique qui entraîne une mauvaise gestion des glucides (sucres) en raison d'un défaut de sécrétion d'insuline ou d'une résistance à cette hormone, ou de ces deux raisons combinées.

Il existe deux types de diabète.

LE DIABÈTE DE TYPE 1

Souvent plus connu sous le nom de diabète juvénile, le diabète de type 1 se déclare dans l'enfance ou pendant l'adolescence et se caractérise par l'absence de sécrétion d'insuline. Ce type de diabète ne peut être prévenu, et le seul traitement est l'injection d'insuline.

LE DIABÈTE DE TYPE 2

Le diabète de type 2 se caractérise par un mauvais fonctionnement de la libération de l'insuline ou par une résistance des cellules à l'action de l'insuline, ou par les deux. Il se déclare plus tard dans la vie, souvent après 40 ans. 90 % des diabétiques souffrent de ce type de diabète. Une prédisposition génétique, la sédentarité, l'obésité et une alimentation riche en matières grasses et en sucres concentrés peuvent contribuer à son apparition.

Le diabète de type 2 peut être contrôlé par l'amélioration des habitudes de vie, ce qui inclut une alimentation équilibrée, une activité physique régulière et une bonne gestion du stress, ainsi qu'une médication adéquate. Il est intéressant de savoir que de saines habitudes de vie peuvent diminuer le risque de souffrir de diabète de type 2 ou retarder son apparition.

PETIT COURS DE BIOLOGIE

Pour comprendre le diabète, il faut d'abord s'attarder un peu sur le fonctionnement normal du corps humain. Le principal carburant de l'organisme est ce qu'on appelle les glucides, un synonyme de sucres. Les glucides proviennent d'aliments tels que les fruits, les produits céréaliers, les produits laitiers et certaines denrées riches en sucres comme le miel, la confiture et les desserts commerciaux.

Les glucides, lors de la digestion, sont décomposés en une molécule appelée glucose. Le glucose est absorbé dans le sang à la suite de la digestion. Par conséquent, la glycémie (taux de sucre dans le sang) augmente après les repas chez tous les humains.

Or, au final, ce sont les cellules qui ont besoin du glucose pour leur fonctionnement. Ainsi, le pancréas sécrète l'insuline (une hormone) lorsque la glycémie s'élève dans le sang, afin de faire parvenir le sucre aux cellules. L'insuline agit comme une clé qui ouvre les cellules pour faire entrer le sucre nécessaire au processus énergétique du corps. Ceci permet également de toujours garder un taux de sucre stable dans le sang.

Chez le diabétique, l'insuline n'est pas sécrétée en quantité suffisante ou encore, elle n'est pas aussi efficace. Par conséquent, elle ne joue pas adéquatement son rôle de clé pour faire diminuer le taux de sucre dans le sang. Il s'ensuit une hyperglycémie (taux de sucre dans le sang supérieur à la normale) qui caractérise le diabète de type 2.

S'il n'est pas surveillé et traité adéquatement, le diabète peut, à long terme, entraîner des complications majeures pour différentes parties du corps.

COMPLICATIONS LIÉES AU DIABÈTE

Yeux : cataracte, glaucome, perte de la vue.

Nerfs : neuropathie (affection qui touche les nerfs et qui cause des picotements, une perte de sensibilité et des douleurs, souvent aux extrémités).

Système immunitaire : sensibilité aux infections et mauvais processus de cicatrisation qui peut entraîner des ulcères et même parfois l'amputation à cause de la gangrène.

Reins : néphropathie (détérioration progressive des reins qui peut dégénérer en insuffisance rénale, et dont les dommages sont irréversibles).

Cerveau : risque plus élevé d'accidents vasculaires cérébraux.

Cœur : risque plus élevé d'infarctus.

LE CONTRÔLE DES GLYCÉMIES

La lecture glycémique vous apprend comment votre corps réagit à l'ingestion de glucides et à d'autres facteurs d'influence.

Le contrôle des glycémies à l'aide d'un glucomètre vous permet donc d'ajuster vos actions (alimentation, injection d'insuline, activité physique) afin de réguler le plus possible votre taux de glucose, et d'en aviser rapidement votre médecin si le contrôle est difficile.

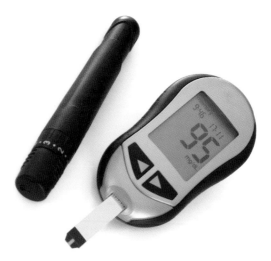

Valeurs de glycémies à viser pour une personne diabétique
À jeun ou avant les repas entre 4 et 7 mmol/l
2 heures après le début du repas entre 5 et 10 mmol/l

Un bon contrôle des glycémies permet de diminuer les risques de développer des complications. Vous devriez prendre vos glycémies selon les recommandations de votre médecin ou de votre diététiste, ou encore, si vous ressentez un malaise qui pourrait être un symptôme d'hypoglycémie ou d'hyperglycémie.

L'HYPOGLYCÉMIE

L'hypoglycémie est la baisse du taux de sucre dans le sang en dessous des normales. Ceci peut être dangereux au point de causer un coma diabétique. L'hypoglycémie peut être induite par la médication, une activité physique trop intense ou un mauvais équilibre alimentaire. Il est important de consulter votre médecin et votre diététiste si vous faites régulièrement des hypoglycémies.

Symptômes d'hypoglycémie

- Baisse d'énergie, état de faiblesse
- Nervosité
- Sueurs
- Mal de tête
- Palpitations
- Étourdissement, somnolence
- Discours incohérent

L'HYPERGLYCÉMIE

L'hyperglycémie est la hausse du taux de sucre dans le sang au-dessus des normales.

Symptômes d'hyperglycémie

- Élimination excessive d'urine
- Soif et faim accrues
- Fatigue
- Somnolence excessive
- Vision trouble

RECOMMANDATIONS ALIMENTAIRES
au quotidien

Le diabète est une maladie chronique complexe qui, contrairement à la croyance populaire, ne se développe pas uniquement chez les personnes consommant trop d'aliments sucrés. Par ailleurs, il ne faut pas éliminer les sucres naturels de votre alimentation, car cela nuirait non seulement à votre santé, mais également au contrôle de votre glycémie.

Voici donc les principales recommandations alimentaires pour vous aider à équilibrer votre alimentation et à mieux gérer votre diabète. Il est également suggéré de vous faire suivre par un ou une diététiste, afin d'avoir un plan alimentaire sur mesure, ajusté non seulement à votre rythme de vie, à votre horaire et à vos préférences alimentaires, mais aussi à votre niveau d'activité physique et à la médication.

LISTE DES RECOMMANDATIONS :

1. Mangez à heures fixes
2. Maintenez une alimentation équilibrée au cours de chaque repas
3. Privilégiez les glucides naturels
4. Consommez des fibres
5. Variez votre alimentation
6. Choisissez les bons gras
7. Évitez les sucres raffinés
8. Limitez votre consommation d'alcool
9. Lisez les étiquettes

1 MANGEZ À HEURES FIXES

Consommer des repas à heures fixes est très important pour favoriser une action maximale de la médication. De plus, le corps ne doit pas se retrouver en état de jeûne (plusieurs heures sans repas) pour éviter d'augmenter le déséquilibre glycémique. Les repas devraient être espacés de quatre à six heures, et il devrait y avoir deux heures d'écart entre un repas et une collation. Par conséquent, votre journée devrait compter au moins trois repas et des collations au besoin (selon les recommandations de votre diététiste ou selon votre faim).

2 MAINTENEZ UNE ALIMENTATION ÉQUILIBRÉE AU COURS DE CHAQUE REPAS

Chaque repas, choisissez une source de protéines faible en matières grasses qui comblera le quart de votre assiette. C'est suffisant pour apporter les protéines et les nutriments dont vous avez besoin.

Remplissez l'autre quart de votre assiette de féculents à grains entiers (voir la liste page 19).

Garnissez la moitié restante de votre assiette de légumes sous différentes formes (crudités, soupes, salades, légumes vapeurs, etc.).

Visez une assiette équilibrée au cours des deux repas principaux (midi et soir). C'est une façon simple de mieux contrôler votre diabète.

LÉGUMES

FÉCULENTS | PROTÉINES

3 PRIVILÉGIEZ LES GLUCIDES NATURELS

Il est vrai que les glucides font augmenter la glycémie, mais il faut comprendre que c'est une réaction tout à fait normale. Trop souvent, les personnes diabétiques éliminent les glucides de leur alimentation en pensant contribuer ainsi au contrôle de leur maladie. Au contraire, un bon contrôle du diabète dépend directement d'un bon choix de glucides. Qui plus est, vous ne pouvez vivre sans glucides, car ils sont la principale source d'énergie de votre cerveau.

Consommez tous les jours 2 à 5 portions de fruits, 6 à 10 portions de féculents et 2 à 4 portions de produits laitiers.

Voici de bonnes sources de glucides à intégrer à votre alimentation.

FRUITS – 2 à 5 portions par jour

1 portion équivaut à :

- 1 fruit de grosseur moyenne (orange, pêche, pomme, poire, etc.)
- ½ banane ou ½ pamplemousse
- 2 kiwis, 2 prunes ou 2 clémentines
- 3 pruneaux
- 15 gros raisins
- 160 g (1 tasse) de cantaloup, de melon miel, de mûres
- 300 g (2 tasses) de fraises entières
- 20 g (2 c. à soupe) de raisins secs
- 100 g (½ tasse) de fruits en morceaux ou de compote de fruits sans sucre ajouté
- 125 ml (½ tasse) de jus de fruits 100 % pur sans sucre ajouté

FÉCULENTS – 6 à 10 portions par jour

1 portion équivaut à :

- 1 tranche de pain de grains entiers
- ½ pain pita ou ½ pain à hamburger de grains entiers
- 4 biscottes Melba
- ½ pomme de terre de grosseur moyenne (avec sa pelure, idéalement)
- 110 g (½ tasse) de pommes de terre en purée
- 60 g (⅓ tasse) de riz, d'orge ou de couscous cuit
- 45 g (⅓ tasse) de pâtes de blé entier cuites
- 80 g (½ tasse) de maïs en grains ou ½ épi de maïs
- 100 g (½ tasse) de légumineuses cuites (fèves au lard, lentilles, etc.)
- 70 g (⅓ tasse) de pois chiches cuits
- 125 ml (½ tasse) de céréales à petit-déjeuner peu sucrées, contenant au moins 2 g de fibres par portion

PRODUITS LAITIERS – 2 à 4 portions par jour

1 portion équivaut à :

- 250 ml (1 tasse) de lait
- 250 ml (1 tasse) de boisson de soya enrichie nature
- 175 g (¾ tasse) de yogourt nature
- 2 pots de 100 g (⅖ tasse) de yogourt aux fruits ou aromatisé, sans gras et sans sucre ajouté
- 1 pot de 100 g (⅖ tasse) de yogourt aux fruits ou aromatisé (vanille, café, etc.)

4 CONSOMMEZ DES FIBRES

Une alimentation riche en fibres est primordiale pour les diabétiques. Les fibres se retrouvent dans les produits céréaliers à grains entiers, les fruits, les légumes, les noix et les légumineuses. L'action des fibres est mécanique, c'est-à-dire qu'elles gonflent dans l'estomac et augmentent le temps de digestion du repas. Ainsi, un repas qui se digère plus lentement permettra une absorption des glucides alimentaires (sucres) plus lente. Autrement dit, les fibres facilitent le contrôle de la glycémie. Plusieurs études démontrent leurs bienfaits dans l'alimentation des diabétiques.

Conseils pour augmenter les fibres dans votre alimentation

- Choisissez des pâtes de blé entier ou du moins, si vous n'aimez pas les pâtes brunes, faites moitié pâtes blanches, moitié pâtes brunes.

- Choisissez du riz blanc à grains longs ou du riz brun qui contiennent au moins 2 g de fibres par portion de 80 g (½ tasse).

- Consommez au moins quatre portions de légumes par jour.

- Consommez une poignée de noix ou d'amandes par jour.

- Ajoutez des graines de lin moulues, des graines de chia, du son de blé, du son d'avoine ou des céréales de type All-Bran ou All-Bran Buds à vos yogourts, pâte à crêpes, muffins maison, préparation pour gâteau et céréales à petit-déjeuner.

5 VARIEZ VOTRE ALIMENTATION

Pour les diabétiques, autant que pour la population en général, la variété et la qualité des aliments sont primordiales. Plus vous variez votre alimentation, plus vous consommez une multitude de vitamines et de minéraux nécessaires à votre santé. De plus, la variété diminue l'effet de routine et renforce le plaisir de manger.

Voici quelques idées pour diversifier vos choix.

FRUITS

Petits fruits, orange, melon, cantaloup, pomme, poire, banane, raisins, canneberges, prune, pruneau, nectarine, pêche, cerises, datte, abricot, pamplemousse, ananas, kiwi, grenade, figue, mangue.

LÉGUMES

Asperge, betterave, courgette, courge spaghetti, patate douce, céleri-rave, radis, avocat, olives, courge, épinards, chou, chou chinois, chou-fleur mauve, fenouil, brocofleur, pomme de terre bleue.

FÉCULENTS ET PRODUITS CÉRÉALIERS

Quinoa, couscous, boulgour, orge, avoine, son de blé, sarrasin, son d'avoine, pâtes de blé entier, millet, pain de grains entiers, pâtes de quinoa, pâtes de riz, pâtes de blé entier.

LAIT ET SUBSTITUTS

Lait, yogourt, fromage, boisson de soya, boisson d'amande.

**Conseils pour diversifier
votre consommation de produits laitiers**

- Faites des desserts au lait, comme du tapioca, du pouding au riz et des laits frappés.

- Consommez du yogourt et du fromage, en collation et en dessert.

- Gratinez vos légumes et mets préférés avec différentes sortes de fromages à 20 % M.G. et moins.

- Consommez des boissons de soya enrichies de calcium et de vitamine D, ou choisissez des desserts de soya.

SOURCES DE PROTÉINES

Favorisez une variété de sources de protéines végétales et animales. Voici quelques exemples dans chaque catégorie.

Viande rouge maigre : bœuf haché extra-maigre, veau, porc

Viande de bois : bison, cerf, orignal, caribou

Volaille : poulet, canard, dinde

Poisson : saumon, truite, thon, sole, tilapia

Fruits de mer : crevettes, pétoncles, huîtres, homard, crabe

Légumineuses : haricots rouges, noirs ou blancs, lentilles, fèves de Lima, haricots lupini, pois chiches

Noix et graines : amandes, noisettes, noix du Brésil, beurre de noix, beurre d'arachide naturel, graines de soya, graines de tournesol, graines de lin, graines de chia

Soya : tofu soyeux, tofu ordinaire, edamames

Œufs

6 CHOISISSEZ LES BONS GRAS

Le diabète augmente le risque de maladies cardiovasculaires. Il est donc important de choisir davantage de bons gras (gras insaturés) et de diminuer les sources de gras saturés (moins bons gras).

PLUS DE GRAS INSATURÉS (BONS GRAS)

Poissons gras : saumon, truite, sardine, hareng

Noix : noix de Grenoble, noix du Brésil, pacanes, amandes, noisettes

Graines : lin, chia, soya, tournesol

Huiles : canola, tournesol, olive, pépins de raisins

Margarine non hydrogénée

Tofu et produits de soya

MOINS DE GRAS SATURÉS ET TRANS (MAUVAIS GRAS)

Beurre

Viandes et charcuteries

Produits laitiers gras : fromage, crème, lait à 3,25 % M.G.

Biscuits, gâteaux, craquelins, muffins du commerce

7 ÉVITEZ LES SUCRES RAFFINÉS

Au contraire des fibres, les aliments contenant des sucres raffinés nuisent au contrôle de la glycémie. Ces sucres sont à digestion rapide et donc augmentent la glycémie rapidement. De plus, ils ne sont pas nourrissants. Les aliments peu nutritifs et sucrés (voir la liste suivante) devraient être consommés en très petites quantités et de façon occasionnelle.

- Pain tranché blanc, pain à hamburger et à hot dog blanc, pâtes alimentaires blanches, riz blanc
- Pâte à pizza, pâtisseries, gâteaux, bonbons, friandises au chocolat
- Biscuit, gâteau, tarte, crème glacée, sucette glacée
- Sucre blanc, miel, sirop d'érable
- Boisson gazeuse, jus et cocktail aux fruits, lait au chocolat
- Céréales à petit-déjeuner sucrées

Pas facile de s'y retrouver ! Il n'est pas nécessaire d'éliminer tous ces aliments de votre alimentation, mais sachez que leur consommation pourrait rendre plus difficile le contrôle de votre diabète.

ATTENTION AUX SUBSTITUTS DE SUCRES

Il existe plusieurs édulcorants artificiels qui peuvent sucrer les desserts et les aliments sans apporter de calories ni jouer sur la glycémie. L'aspartame, le sucralose, la saccharine et le cyclamate sont les principaux choix offerts sur le marché.

Ces produits ne sont pas nécessairement recommandés, car ils entretiennent le goût pour le sucré. Dans vos recettes, il est préférable d'utiliser du sucre ordinaire et d'en mettre tout simplement moins, ou de le remplacer par des fruits. Ainsi, vous apprivoiserez le goût moins sucré.

Qui plus est, les effets des édulcorants artificiels sur le corps humain ne sont pas tout à fait élucidés; il est donc préférable de s'en tenir aux sources de sucres naturels (miel, sirop d'érable, sucre blanc, cassonade, etc.) et d'en consommer moins.

Conseils pour réduire les sucres raffinés dans votre alimentation

- Cuisinez le plus souvent possible et réduisez de moitié le sucre demandé dans les recettes traditionnelles.

- Cuisinez avec de bons ingrédients comme des légumes, des fruits, des produits céréaliers à grains entiers.

- Évitez les desserts du commerce.

- Apprenez à lire l'étiquette nutritionnelle et à regarder la liste des ingrédients. Recherchez des produits pour lesquels le sucre n'est pas dans les trois premiers ingrédients de la liste.

- Évitez les produits raffinés cités précédemment.

- Remplacez les produits céréaliers blancs par des produits à grains entiers.

- N'ajoutez pas de sucre blanc (ou essayez de diminuer graduellement la quantité) dans vos céréales, café ou thé.

- Préférez l'eau, l'eau minérale, le thé ou le café sans sucre aux jus et aux boissons gazeuses, même si elles sont étiquetées « diète ».

8 LIMITEZ VOTRE CONSOMMATION D'ALCOOL

La consommation d'alcool augmente le risque d'hypoglycémie. Il est donc recommandé de consommer l'alcool pendant un repas pour diminuer ce risque. La consommation d'alcool est déconseillée aux diabétiques qui ont de la difficulté à gérer leur glycémie. Par conséquent, il est préférable d'avoir des glycémies stables avant de boire de l'alcool à l'occasion.

1 consommation	1 bière 150 ml (5 oz) de vin 45 ml (1,5 oz) de spiritueux

Femmes
1 consommation par jour au maximum
7 consommations par semaine au maximum

Hommes
2 consommations par jour au maximum
14 consommations par semaine au maximum

9 LISEZ LES ÉTIQUETTES

Voici ce qu'il faut regarder sur l'étiquette nutritionnelle lors du choix d'un aliment en épicerie.

Valeur nutritive par portion	
Teneur	
Calories 423	
Lipides 15 g	
Sodium 587 mg	
Glucides 45 g	
fibres 6 g	
Protéines 30 g	

Glucides (en g) : Indique la quantité totale de glucides qui comprend les fibres, les sucres et l'amidon (rarement indiqué sur l'étiquette).

Fibres (en g) : Les fibres alimentaires n'ont aucun effet sur la glycémie; elles doivent donc être soustraites du total des glucides. Plus il y a de fibres, meilleur est votre choix.

Sucres (en g) : Indique la quantité de sucre qui se trouve naturellement dans les fruits et le lait, ainsi que les sucres ajoutés (comme le sucre blanc, la cassonade, le miel et la mélasse). Ainsi, il est normal pour un verre de lait d'avoir du sucre (sucre naturel). Pour savoir si un aliment contient du sucre ajouté, lisez la liste des ingrédients et vérifiez s'il y est écrit sucre, glucose, fructose, miel, sirop d'érable, cassonade, sirop de maïs ou sirop de riz brun.

Pour les diabétiques, la quantité totale de glucides sur l'étiquette (moins les fibres) sera votre valeur de référence pour savoir quelle quantité de glucides affectera votre glycémie. Demandez à votre diététiste la quantité de glucides que vous devez consommer à chaque repas.

LES ALIMENTS À PRIVILÉGIER

· ·

FÉCULENTS

Pain à grains entiers, pâtes de blé entier, riz brun à grains longs, couscous de blé entier, farine de blé entier, quinoa, orge, millet.

LÉGUMINEUSES

Lentilles, haricots rouges, pois chiches, pois cassés, etc.

FRUITS FRAIS

Au minimum deux portions par jour.

POISSONS ET FRUITS DE MER

Au minimum deux fois par semaine.

PROTÉINES ANIMALES MAIGRES

Poulet, bœuf maigre, œuf, porc.

PROTÉINES VÉGÉTALES

Noix, amandes, tofu, noix de tournesol, noix de soya, noix de Grenoble, boisson de soya.

HUILES VÉGÉTALES

Huile d'olive, huile de canola, huile de tournesol.

PLATS CUISINÉS À LA VAPEUR, EN PAPILLOTE OU GRILLÉS

DESSERTS MAISON AVEC MOINS DE SUCRE

PRODUITS LAITIERS MAIGRES

Lait 1% M.G., fromage 20 % M.G. et moins, yogourt.

LES ALIMENTS À ÉVITER

SUCRES RAFFINÉS

Sucre blanc, bonbons, confiture, miel, pâtisserie, crème glacée, sorbet, fruits confits, gâteau, beigne, boisson gazeuse, jus ou cocktail de fruits, biscuit, céréales à petit-déjeuner sucrées, pâte à pizza, pain blanc, pâtes blanches, sirop d'érable, chocolat.

GRAISSES ANIMALES

Beurre, crème fraîche épaisse, saindoux, fromage 20 % M.G et plus, charcuterie, viande grasse, crème 35 % M.G.

ALIMENTS TRÈS SALÉS

Charcuterie, biscuit d'apéritif, soupe en conserve, jus de légumes, marinade.

ALIMENTS RICHES EN GRAS

Friture, pâtisserie, pâté, tarte, sauce à base de crème, croustilles, aliments panés.

ALCOOL

Avec modération seulement si votre glycémie est contrôlée.

LES MENUS
21 JOURS

Les menus de cet ouvrage ont été développés afin que vous ayez tous les nutriments, les glucides et l'énergie nécessaires pour chaque journée. Les repas et les collations sont interchangeables d'une journée à l'autre. De plus, si vous n'avez pas faim entre les repas, vous pouvez décider de prendre votre collation en dessert.

Fiez-vous également à votre faim. Essayez de manger de tout dans votre assiette, mais ne vous forcez pas pour la terminer si vous n'avez plus faim.

Si vous avez un petit appétit, vous devez particulièrement veiller à consommer des aliments variés tous les jours, et dans les trois groupes (protéines, féculents et légumes) à chaque repas.

Planifiez votre semaine. Dans les menus proposés, vous remarquerez que les repas du midi sont la plupart du temps les restes du repas du soir de la veille. Quand vous cuisinez, vous devez donc ajuster les portions en doublant au besoin vos recettes pour avoir des restes pour le lendemain.

Si vous avez des questionnements ou que votre glycémie est toujours difficile à contrôler, même en suivant les menus, il est fortement conseillé de rencontrer une nutritionniste qui saura adapter les menus et les portions selon vos besoins personnels.

JOUR 1

MATIN...

Gruau aux fruits (p. 58)

Collation
½ banane

MIDI...

Salade rapide de pâtes (p. 75)

Collation
1 muffin aux bleuets (p. 118)

SOIR...

Saumon à la moutarde (p. 76)

Collation
1 yogourt aux fruits
4 petits biscuits secs

JOUR 2

MATIN

1 ou 2 tranches de pain de blé entier grillées
25 g de fromage
125 ml (½ tasse) de jus d'orange 100 % pur

Collation
15 raisins verts ou rouges

MIDI

Saumon à la moutarde (p. 76)

Collation
125 ml (½ tasse) de tapioca à l'orange
(p. 120)

SOIR

Fajitas aux poivrons colorés (p. 78)

Collation
1 tranche de pain de grains entiers grillée
15 g (1 c. à soupe) de beurre d'arachide naturel

JOUR 3

MATIN

1 yogourt nature
45 g (½ tasse) de granola aux pommes (p. 61)
100 g (½ tasse) de fruits frais

Collation
100 g (½ tasse) de compote de pommes
sans sucre ajouté

MIDI

Fajitas aux poivrons colorés (p. 78)

Collation
250 ml (1 tasse) de jus de légumes
faible en sodium

4 craquelins

SOIR

Croquettes chiches avec salade de concombres
et de tomates (p. 80)

Collation
250 ml (1 tasse) de lait

JOUR 4

MATIN

1 smoothie énergie 101 (p. 62)

Collation
½ banane

MIDI

Croquettes chiches avec salade de concombres
et de tomates (p. 80)

Collation
1 muffin aux bleuets (p. 118)

SOIR

Frittata (p. 82)

Collation
1 yogourt aux fruits
4 petits biscuits secs

JOUR 5

MATIN

180 ml (¾ tasse) de céréales riches en fibres
125 ml (½ tasse) de lait
1 fruit

Collation
15 raisins verts ou rouges

MIDI

Frittata (p. 82)

Collation
125 ml (½ tasse) de tapioca à l'orange
(p. 120)

SOIR

Porc thym-citron et couscous (p. 85)

Collation
25 g de fromage
4 craquelins

JOUR 6

MATIN

2 crêpes moelleuses aux bleuets (p. 64)

Collation
100 g (½ tasse) de compote
de pommes sans sucre ajouté

MIDI

Porc thym-citron et couscous (p. 85)

Collation
1 yogourt aux fruits

SOIR

Croquettes de poulet cajun avec salade de légumes (p. 86)

Collation
500 ml (2 tasses) de maïs soufflé maison
250 ml (1 tasse) de lait

JOUR 7

MATIN

Omelette petit-déjeuner (p. 66)

Collation
125 ml (½ tasse) de tapioca à l'orange (p. 120)

MIDI

Croquettes de poulet cajun avec salade de légumes (p. 86)

Collation
1 muffin aux bleuets (p. 118)

SOIR

Riz à la salsa de maïs (p. 89)

Collation
250 ml (1 tasse) de lait

JOUR 8

MATIN

1 yogourt nature
125 ml (½ tasse) de granola aux pommes (p. 61)
100 g (½ tasse) de fruits frais

Collation
15 raisins verts ou rouges

MIDI

Riz à la salsa de maïs (p. 89)

Collation
250 ml (1 tasse) de lait

SOIR

Spaghettis au porc haché (p. 90)

Collation
1 tranche de pain de grains entiers grillée
15 g (1 c. à soupe) de beurre d'arachide naturel

JOUR 9

MATIN

1 muffin aux carottes et au yogourt (p. 68)
250 ml (1 tasse) de lait

Collation
1 pomme
10 amandes

MIDI

Spaghettis au porc haché (p. 90)

Collation
250 ml (1 tasse) de croustade
aux pêches (p. 123)

SOIR

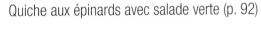

Quiche aux épinards avec salade verte (p. 92)

Collation
125 ml (½ tasse) de céréales
riches en fibres

125 ml (½ tasse) de lait

JOUR 10

MATIN

Smoothie aux framboises et à l'avoine (p. 63)
10 amandes

Collation
125 ml (½ tasse) de salade de fruits

MIDI

Quiche aux épinards avec salade verte (p. 92)

Collation
1 muffin aux carottes et au yogourt
(p. 68)

SOIR

Soupe-repas au bœuf (p. 94)

Collation
250 ml (1 tasse) de lait

JOUR 11

MATIN

1 muffin anglais de blé entier
15 g (1 c. à soupe) de beurre d'arachide naturel
125 ml (½ tasse) de jus d'orange 100 % pur

Collation
Houmous et crudités

MIDI

Soupe-repas au bœuf (p. 94)

Collation
15 raisins verts ou rouges
25 g de fromage

SOIR

Crevettes à la chinoise (p. 97)

Collation
1 yogourt
4 petits biscuits secs

JOUR 12

MATIN

180 g (¾ tasse) de fromage cottage
100 g (½ tasse) de fruits frais
1 tranche de pain de grains entiers

Collation
250 ml (1 tasse) de lait

MIDI

Crevettes à la chinoise (p. 97)

Collation
250 ml (1 tasse) de croustade
aux pêches (p. 123)

SOIR

Burger de saumon (p. 98)

Collation
1 tranche de pain de grains
entiers grillée

25 g de fromage

JOUR 13

MATIN

Œuf sur pain croustillant (p. 70)
1 fruit

Collation
125 ml (½ tasse) de salade de fruits

MIDI

Burger de saumon (p. 98)

Collation
1 yogourt aux fruits

SOIR

Bœuf à l'orange (p. 100)

Collation
125 ml (½ tasse) de lait

125 ml (½ tasse) de céréales
riches en fibres

JOUR 14

MATIN

180 ml (¾ tasse) de céréales riches en fibres
125 ml (½ tasse) de lait
1 fruit

Collation
1 muffin aux carottes et au yogourt
(p. 68)

MIDI

Bœuf à l'orange (p. 100)

Collation
125 ml (½ tasse) de salade de fruits

SOIR

Brochette de poulet à l'érable (p. 102)

Collation
500 ml (2 tasses) de maïs soufflé maison
250 ml (1 tasse) de lait

JOUR 15

MATIN....................

1 ou 2 tranches de pain d'avoine grillées
1 œuf
125 ml (½ tasse) de jus d'orange 100 % pur

Collation
1 yogourt aux fruits

MIDI.....................

Brochette de poulet à l'érable (p. 102)

Collation
1 biscuit à l'avoine et aux dattes (p. 124)

SOIR......................

Soupe mexicaine avec croustilles de pita (p. 105)

Collation
250 ml (1 tasse) de lait

JOUR 16

MATIN

180 g (¾ tasse) de fromage cottage
100 g (½ tasse) de fruits frais
1 tranche de pain de grains entiers

Collation
80 g (½ tasse) d'ananas

MIDI

Soupe mexicaine avec croustilles de pita (p. 105)

Collation
1 pouding au citron (p. 126)

SOIR

Salade fruitée de poulet et quinoa (p. 106)

Collation
125 ml (½ tasse) de céréales
riches en fibres

125 ml (½ tasse) de lait

JOUR 17

MATIN

1 muffin anglais de blé entier
15 g (1 c. à soupe) de beurre d'arachide naturel
125 ml (½ tasse) de jus d'orange 100 % pur

Collation
1 pomme
10 amandes

MIDI

Salade fruitée de poulet et quinoa (p. 106)

Collation
1 yogourt aux fruits

SOIR

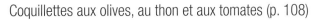

Coquillettes aux olives, au thon et aux tomates (p. 108)

Collation
125 ml (½ tasse) de lait
1 biscuit à l'avoine et aux dattes (p. 124)

JOUR 18

MATIN

180 ml (¾ tasse) de céréales riches en fibres
125 ml (½ tasse) de lait

> **Collation**
> 80 g (½ tasse) d'ananas

MIDI

Coquillettes aux olives, au thon et aux tomates (p. 108)

> **Collation**
> 1 pouding au citron (p. 126)

SOIR

Hamburger aux œufs (p. 111)
250 ml (1 tasse) de lait

> **Collation**
> 1 tranche de pain de grains entiers grillée
> 15 g (1 c. à soupe) de beurre d'arachide naturel

JOUR 19

MATIN

1 muffin aux carottes et au yogourt (p. 68)
250 ml (1 tasse) de lait

Collation
100 g (½ tasse) de compote de pommes
sans sucre ajouté

MIDI

Hamburger aux œufs (p. 111)
250 ml (1 tasse) de lait

Collation
4 craquelins

250 ml (1 tasse) de jus
de légumes faible en sodium

SOIR

Côtelette de porc en croûte avec pâtes aux légumes (p. 112)

Collation
1 fruit
10 amandes

JOUR 20

MATIN

Gruau aux fruits (p. 58)

Collation
125 ml (½ tasse) de salade de fruits

MIDI

Côtelette de porc en croûte avec pâtes aux légumes (p. 112)

Collation
1 yogourt aux fruits

SOIR

Papillote de sole (p. 114)

Collation
1 pouding au citron (p. 126)

JOUR 21

MATIN

Pain doré à la cannelle (p. 72)
250 ml (1 tasse) de lait

Collation
1 pouding au citron (p. 126)

MIDI

Papillote de sole (p. 114)

Collation
80 g (½ tasse) d'ananas

SOIR

Pita-pizza (p. 116)

Collation
125 ml (½ tasse) de lait
125 ml (½ tasse) de céréales
riches en fibres

LES RECETTES
36 IDÉES SANTÉ

Voici 36 recettes qui vous permettront de manger sainement tout en cuisinant simplement. Tout au long de l'ouvrage, vous trouverez également des capsules INFO DIABÈTE qui vous renseigneront sur l'avantage de plusieurs aliments pour votre santé et pour le contrôle de votre diabète.

GRUAU
aux fruits

1 portion • PRÉPARATION : 5 minutes • CUISSON : 2 à 3 minutes

INGRÉDIENTS

125 ml (½ tasse) de lait

30 g (⅓ tasse) de gruau à gros flocons

10 amandes ou autre noix au choix

5 ml (1 c. à thé) de sirop d'érable

1 ml (¼ c. à thé) de cannelle

65 g (½ tasse) de framboises
ou ½ banane tranchée

PRÉPARATION

Mélanger le lait et le gruau dans un bol allant au four à micro-ondes.

Chauffer 2 à 3 minutes au four à micro-ondes, en remuant après chaque minute.

Ajouter les amandes, le sirop d'érable, la cannelle et le fruit choisi.

Bien mélanger le tout et servir.

INFO DIABÈTE

Les noix sont particulièrement riches en magnésium. Celui-ci aide à réduire la glycémie et à augmenter les taux de HDL sanguin (bon cholestérol).

Valeur nutritive par portion	
Teneur	
Calories 280	
Lipides 10 g	
Sodium 60 mg	
Glucides 40 g	
fibres 8 g	
Protéines 11 g	

GRANOLA
aux pommes

16 portions de 125 ml (½ tasse) • PRÉPARATION : 5 minutes • CUISSON : 25 à 30 minutes

PRÉPARATION

Préchauffer le four à 180 °C (350 °F).

Dans un grand bol, mélanger les flocons d'avoine, les amandes, la compote de pommes, le miel et l'œuf.

Répartir le mélange sur une plaque allant au four tapissée de papier parchemin.

Cuire le mélange au centre du four de 25 à 30 minutes, en remuant toutes les 5 minutes pour bien faire dorer le tout.

Une fois le mélange prêt, ajouter les raisins secs et attendre que le granola refroidisse avant de le consommer.

. . . .

INGRÉDIENTS

270 g (3 tasses) de flocons d'avoine à cuisson longue

150 g (1 tasse) d'amandes effilées ou d'autres noix au choix

100 g (½ tasse) de compote de pommes sans sucre ajouté

60 ml (¼ tasse) de miel

1 œuf

150 g (1 tasse) de raisins secs

SUGGESTION

Pour un repas complet, mélangez le granola avec 120 g (1 tasse) de yogourt nature et des fruits.

Valeur nutritive par portion	
Teneur	
Calories 123	
Lipides 4 g	
Sodium 5 mg	
Glucides 21 g	
fibres 2,5 g	
Protéines 3 g	

INFO DIABÈTE

. . . .

L'avoine est très riche en fibres solubles, dont les B-glucanes, un type de fibres reconnu pour aider l'organisme à mieux réguler le taux de sucre. Une consommation régulière d'avoine ou de son d'avoine est conseillée.

SMOOTHIE
énergie 101

2 portions • PRÉPARATION : 5 minutes

INGRÉDIENTS

170 g (1 tasse) de tofu soyeux

160 g (1 tasse) d'ananas
(frais ou en conserve) coupé en dés

250 ml (1 tasse) de lait

15 ml (1 c. à soupe) de sirop d'érable

PRÉPARATION

Passer tous les ingrédients au robot culinaire.

Valeur nutritive par portion	
Teneur	
Calories 168	
Lipides 4 g	
Sodium 62 mg	
Glucides 26 g	
fibres 1 g	
Protéines 9 g	

SMOOTHIE
aux framboises et à l'avoine

1 portion • PRÉPARATION : 5 minutes

PRÉPARATION

Passer tous les ingrédients au robot culinaire.

INGRÉDIENTS

180 ml (¾ tasse) de lait

130 g (½ tasse) de framboises congelées

20 g (¼ tasse) de flocons d'avoine à cuisson rapide

5 ml (1 c. à thé) de miel

Valeur nutritive par portion

Teneur	
Calories 188	
Lipides 3 g	
Sodium 86 mg	
Glucides 32 g	
fibres 5 g	
Protéines 9 g	

CRÊPES MOELLEUSES
aux bleuets

4 portions de 2 crêpes • PRÉPARATION : 10 minutes • CUISSON : 20 minutes

INGRÉDIENTS

150 g (1 tasse) de farine tout usage non blanchie

150 g (1 tasse) de farine de blé

25 g (2 c. à soupe) de cassonade

15 g (1 c. à soupe) de levure chimique

375 ml (1½ tasse) de lait

3 œufs

15 ml (1 c. à soupe) d'huile de canola

225 g (1½ tasse) de bleuets congelés

PRÉPARATION

Dans un bol, mélanger les farines, la cassonade et la levure chimique.

Dans un autre bol, mélanger à la fourchette le lait, les œufs et l'huile.

Verser le mélange humide sur le mélange sec. Bien mélanger.

Ajouter les bleuets et bien les disperser dans la pâte.

Chauffer une grande poêle légèrement huilée à feu moyen, et verser de la pâte pour former deux crêpes de la grandeur d'un bol à soupe.

Cuire les crêpes des deux côtés jusqu'à ce qu'elles soit dorées, environ 5 à 6 minutes.

Servir 2 crêpes par personne.

INFO DIABÈTE

Les variétés de baies rouges ou bleues contiennent des composés naturels appelés anthocyanines. Ces pigments sont des antioxydants reconnus pour diminuer les dommages aux cellules et le vieillissement des tissus. Un vieillissement prématuré des tissus peut engendrer une insuffisance rénale, des troubles de la vue et un durcissement des artères, des complications fréquemment rencontrées chez les diabétiques.

Valeur nutritive par portion	
Teneur	
Calories 360	
Lipides 9 g	
Sodium 320 mg	
Glucides 55 g	
fibres 5 g	
Protéines 14 g	

OMELETTE
petit-déjeuner

4 portions • PRÉPARATION : 5 minutes • CUISSON : 10 minutes

INGRÉDIENTS

8 œufs

60 ml (¼ tasse) de lait

25 g (¼ tasse) de fromage râpé au choix

1 oignon vert, haché

Sel et poivre

PRÉPARATION

Dans un bol, battre à la fourchette les œufs et le lait. Incorporer le reste des ingrédients.

Verser la préparation dans une poêle chaude antiadhésive ou légèrement huilée. Cuire l'omelette de 2 à 3 minutes, puis la replier en deux pour finir la cuisson.

Couper l'omelette en quatre et servir une portion par personne.

Accompagnement : servir l'omelette avec un fruit et 1 ou 2 tranches de pain de blé entier grillées pour compléter le petit-déjeuner.

**Valeur nutritive
par portion**

Teneur	
Calories 188	
Lipides 13 g	
Sodium 180 mg	
Glucides 2 g	
fibres 0 g	
Protéines 15 g	

MUFFINS
aux carottes et au yogourt

12 muffins • PRÉPARATION : 10 minutes • CUISSON : 30 minutes

INGRÉDIENTS

150 g (1 tasse) de farine tout usage non blanchie

90 g (1 tasse) de flocons d'avoine à cuisson longue

50 g (¼ tasse) de cassonade

½ c. à thé (2 ml) de cannelle

10 ml (2 c. à thé) de levure chimique

60 ml (¼ tasse) d'huile de canola

2 œufs

240 g (1 tasse) de yogourt nature

230 g (2 tasses) de carottes râpées

125 ml (½ tasse) de jus d'orange 100 % pur

PRÉPARATION

Préchauffer le four à 160 °C (320 °F).

Mélanger la farine, les flocons d'avoine, la cassonade, la cannelle et la levure chimique.

Dans un autre bol, au batteur, mélanger l'huile de canola avec les œufs et le yogourt. Ajouter les carottes râpées avec une cuillère.

Ajouter graduellement le mélange humide au mélange sec en alternance avec le jus. Bien mélanger.

Verser la préparation dans des moules à muffins et faire cuire au centre du four 30 minutes.

INFO DIABÈTE

Les carottes représentent une des sources naturelles les plus riches en bêta-carotène (vitamine A), connu pour réduire les risques de troubles de la vision, qui font partie des complications fréquentes chez les diabétiques.

Valeur nutritive par muffin	
Teneur	
Calories 150	
Lipides 6 g	
Sodium 90 mg	
Glucides 25 g	
fibres 2 g	
Protéines 4 g	

ŒUF
sur pain croustillant

1 portion • PRÉPARATION : 10 minutes • CUISSON : 5 minutes

INGRÉDIENTS

1 l (4 tasses) d'eau

30 ml (2 c. à soupe) de vinaigre blanc

1 œuf

2 tranches de pain de grains entiers

Sel et poivre

2 ml (½ c. à thé) de persil séché

PRÉPARATION

Verser l'eau et le vinaigre dans une casse-role, porter à ébullition, puis baisser le feu pour garder l'eau frémissante.

Casser l'œuf dans l'eau et, à l'aide d'une cuillère, ramener le blanc autour du jaune.

Laisser cuire 5 minutes.

Pendant ce temps, griller le pain.

Une fois l'œuf cuit, le sortir de l'eau à l'aide d'une écumoire et le déposer délicatement sur un papier essuie-tout. Le placer ensuite sur une tranche de pain grillée. Saler, poivrer et parsemer de persil séché.

Valeur nutritive par portion

Teneur	
Calories 149	
Lipides 6 g	
Sodium 204 mg	
Glucides 30 g	
fibres 4 g	
Protéines 10 g	

PAIN DORÉ
à la cannelle

4 portions • PRÉPARATION : 5 minutes • CUISSON : 5 minutes

INGRÉDIENTS

2 œufs

15 ml (1 c. à soupe) de lait

12 g (1 c. à soupe) de cassonade

5 ml (1 c. à thé) de cannelle

4 tranches de pain de grains entiers

2 bananes

PRÉPARATION

Mélanger les œufs, le lait, la cassonade et la cannelle.

Tremper chaque tranche de pain des deux côtés dans le mélange liquide, puis cuire dans une poêle chaude antiadhésive ou légèrement huilée.

Servir chaque pain doré avec ½ banane.

Valeur nutritive par portion	
Teneur	
Calories 177	
Lipides 4 g	
Sodium 178 mg	
Glucides 30 g	
fibres 4 g	
Protéines 8 g	

SALADE RAPIDE
de pâtes

4 portions • **PRÉPARATION** : 10 minutes • **CUISSON** : 20 minutes

PRÉPARATION

Cuire les macaronis dans l'eau bouillante.

Pendant ce temps, mélanger le yogourt, la mayonnaise, le jus de citron, l'oignon vert, la poudre d'ail, le sel et le poivre.

Égoutter les macaronis cuits, puis ajouter les légumes et la sauce. Bien mélanger.

Servir 375 ml (1½ tasse) de salade par personne, garnie de 2 œufs durs coupés en morceaux.

. . . .

SUGGESTIONS

- Utilisez les pâtes que vous avez sous la main.
- Ajoutez vos légumes préférés.
- Remplacez les œufs par du poulet cuit, du thon ou du saumon en conserve, des crevettes ou des morceaux de porc.

INGRÉDIENTS

350 g (2½ tasses) de macaronis de blé entier non cuits

30 g (2 c. à soupe) de yogourt nature

30 g (2 c. à soupe) de mayonnaise légère

5 ml (1 c. à thé) de jus de citron

1 oignon vert, haché

15 ml (1 c. à soupe) de poudre d'ail

Sel et poivre

200 g (2 tasses) de brocoli en morceaux

2 poivrons, coupés en morceaux

8 œufs, durs

Valeur nutritive par portion	
Teneur	
Calories 395	
Lipides 14 g	
Sodium 195 mg	
Glucides 60 g	
fibres 8 g	
Protéines 23 g	

SAUMON
à la moutarde

4 portions • PRÉPARATION : 10 minutes • CUISSON : 25 à 30 minutes

INGRÉDIENTS

30 ml (2 c. à soupe) de moutarde de Dijon

30 ml (2 c. à soupe) de persil séché

5 ml (1 c. à thé) de poudre d'ail

4 petits filets de saumon ou 2 gros filets

2 oignons moyens, hachés

200 g (2 tasses) de brocoli en morceaux

250 g (2 tasses) de carottes en petites rondelles

15 ml (1 c. à soupe) d'huile de canola

285 g (1½ tasse) de riz à grains longs

15 ml (1 c. à soupe) de bouillon de poulet en poudre

PRÉPARATION

Préchauffer le four à 180 °C (350 °F).

Mélanger la moutarde de Dijon, le persil et la poudre d'ail.

Badigeonner les filets de saumon avec le mélange de moutarde.

Mettre les filets de saumon dans un plat allant au four et répartir un oignon haché et les légumes sur les filets.

Cuire le saumon au four pendant 25 à 30 minutes, selon la grosseur des filets.

Pendant ce temps, dans une casserole, faire revenir 2 minutes l'autre oignon haché dans l'huile de canola.

Ajouter le riz et cuire avec le bouillon de poulet dans l'eau, selon les instructions sur l'emballage du riz.

Servir un filet de saumon, les légumes et 165 g (1 tasse) de riz par personne.

• • • • • • • • • • • • • •

CONSEILS PRATIQUES

- Cuisinez une grande quantité de riz à l'avance que vous pourrez congeler en portions dans un plat allant au congélateur. Vous gagnerez ainsi du temps lorsque vous aurez besoin de riz pour une recette.

- Faites la recette en double pour avoir des restes pour les lunchs, selon le nombre de personnes à la maison.

Valeur nutritive par portion	
Teneur	
Calories 550	
Lipides 17 g	
Sodium 505 mg	
Glucides 60 g	
fibres 5 g	
Protéines 27 g	

FAJITAS
aux poivrons colorés

4 portions • PRÉPARATION : 10 minutes • CUISSON : 15 minutes

INGRÉDIENTS

22 ml (1½ c. à soupe) d'huile de canola

4 poitrines de poulet moyennes, coupées en lanières

15 ml (1 c. à soupe) de poudre d'ail

15 ml (1 c. à soupe) de paprika

5 ml (1 c. à thé) de mélange d'épices cajun

1 poivron rouge, coupé en lanières

1 poivron jaune, coupé en lanières

4 grandes tortillas

60 g (1 tasse) de laitue hachée

125 ml (½ tasse) de salsa (idéalement allégée en sodium)

100 g (1 tasse) de fromage râpé (idéalement 20 % M.G. et moins)

PRÉPARATION

Dans une poêle, chauffer l'huile de canola et ajouter les lanières de poulet. Griller les lanières 2 minutes de chaque côté, puis baisser le feu et continuer à cuire.

Ajouter la poudre d'ail, le paprika et le mélange d'épices cajun. Bien mélanger.

Lorsque les lanières de poulet sont presque cuites, ajouter les lanières de poivron et faire revenir quelques minutes.

Passez les tortillas au four 1 minute avant de servir.

Chaque personne peut préparer sa fajita avec du poulet, du poivron, de la laitue, de la salsa et du fromage au goût.

Accompagnement : servir avec une salade verte.

Valeur nutritive par portion	
Teneur	
Calories 495	
Lipides 17 g	
Sodium 298 mg	
Glucides 50 g	
fibres 4 g	
Protéines 35 g	

INFO DIABÈTE

Les légumes de couleur vive (comme le brocoli, le poivron ou la carotte) sont à privilégier.

CROQUETTES CHICHES
avec salade de concombres et tomates

6 portions de 2 croquettes et 4 portions de salade • **PRÉPARATION** : 10 minutes • **CUISSON** : 20 minutes

INGRÉDIENTS

2 boîtes de 540 ml (19 oz) de pois chiches, rincés et égouttés

100 g (1 tasse) de chapelure

2 œufs

100 g (1 tasse) de fromage râpé

1 poivron vert, haché finement

15 ml (1 c. à soupe) de thym séché

15 ml (1 c. à soupe) de poudre d'ail

15 ml (1 c. à soupe) d'huile de canola

Sel et poivre

SALADE DE CONCOMBRES ET TOMATES

1 concombre

3 tomates

30 ml (2 c. à soupe) d'huile d'olive

Vinaigre balsamique

PRÉPARATION

Préchauffer le four à 180 °C (350 °F).

Mélanger tous les ingrédients au robot culinaire.

Façonner ensuite des boulettes à la main et les placer sur une plaque allant au four.

Cuire 10 minutes de chaque côté.

Servir 2 croquettes par personne, accompagnées de salade de concombres et tomates.

SALADE DE CONCOMBRES ET TOMATES

Mélanger le concombre épluché et coupé en dés, les 3 tomates coupées en dés, l'huile d'olive et le vinaigre balsamique. Assaisonner au goût.

. . . .

CONSEIL PRATIQUE

Préparez une plus grande quantité de croquettes et congelez-les; vous en aurez ainsi sous la main pour un repas rapide et santé.

SUGGESTIONS

- Coupez les croquettes refroidies en lanières et garnissez-en une tortilla multigrains avec des tomates fraîches, de la laitue et de la moutarde de Dijon.
- Remplacez le thym et la poudre d'ail par du cari, du cumin ou de la coriandre pour donner un goût oriental aux croquettes.

Valeur nutritive par portion (croquettes et salade)
Teneur
Calories 455
Lipides 18 g
Sodium 300 mg
Glucides 55 g
fibres 8 g
Protéines 20 g

FRITTATA

4 portions • PRÉPARATION : 10 minutes • CUISSON : 30 à 40 minutes

INGRÉDIENTS

8 œufs

60 ml (¼ tasse) de lait

1 petit oignon, haché

2 courgettes, coupées en morceaux

60 g (2 tasses) de jeunes pousses d'épinards

50 g (½ tasse) de fromage râpé

30 ml (2 c. à soupe) de poudre d'ail

15 ml (1 c. à soupe) de persil séché

5 ml (1 c. à thé) d'origan séché

Poivre au goût

430 g (3 tasses) de spaghettis de blé entier cuits

Fromage râpé, pour gratiner

1 tranche de pain de grains entiers

PRÉPARATION

Préchauffer le four à 180 °C (350 °F).

Dans un bol, battre à la fourchette les œufs et le lait.

Ajouter l'oignon haché, les courgettes, les épinards, le fromage et les assaisonnements. Bien mélanger.

Dans un plat à tarte allant au four, placer les spaghettis cuits dans le fond, puis verser la préparation aux œufs. Parsemer de fromage râpé pour gratiner.

Cuire au centre du four de 30 à 40 minutes.

Diviser la frittata en quatre et servir chaque portion avec une tranche de pain de grains entiers.

• • • • • • • • • • • • • •

CONSEIL PRATIQUE

Cette recette est idéale pour passer des restes de pâtes cuites. Vous pouvez même y ajouter des restes de poulet.

Valeur nutritive par portion	
Teneur	
Calories 330	
Lipides 7 g	
Sodium 366 mg	
Glucides 48 g	
fibres 7 g	
Protéines 22 g	

PORC THYM-CITRON
et couscous

4 portions • **PRÉPARATION** : 10 minutes • **CUISSON** : 20 à 25 minutes

PRÉPARATION

Préchauffer le four à 180 °C (350 °F).

Enlever le gras visible sur les filets de porc, puis les badigeonner d'huile de canola.

Dans un petit bol, mélanger le zeste des citrons, le thym, le sel et le poivre. Avec les mains, frotter le mélange d'assaisonnements sur les filets de porc. Bien enrober.

Placer les filets de porc dans un plat allant au four et ajouter autour l'oignon haché, les morceaux de brocoli et les champignons.

Cuire au four de 20 à 25 minutes. Vérifier la cuisson de la viande.

Pendant ce temps, verser le couscous sec dans un grand bol et ajouter l'eau bouillante et le bouillon de poulet. Bien mélanger et laisser reposer.

Servir le porc avec les légumes et environ 165 g (1 tasse) de couscous par personne.

INGRÉDIENTS

2 petits filets de porc

15 ml (1 c. à soupe) d'huile de canola

Zeste de 2 citrons

45 ml (3 c. à soupe) de thym séché

Sel et poivre

1 petit oignon, haché

200 g (2 tasses) de brocoli en morceaux

200 g (2 tasses) de champignons ou d'autres légumes au choix

270 g (1½ tasse) de couscous de blé entier

750 ml (3 tasses) d'eau bouillante

15 ml (1 c. à soupe) de bouillon de poulet en poudre faible en sodium

Valeur nutritive par portion	
Teneur	
Calories 416	
Lipides 5,5 g	
Sodium 130 mg	
Glucides 60 g	
fibres 5 g	
Protéines 35 g	

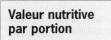

INFO DIABÈTE

Le brocoli est riche en chrome, un élément qui joue un rôle important à long terme pour équilibrer la glycémie. La consommation régulière de ce légume, aux propriétés antioxydantes et riche en fibres, est recommandée aux diabétiques.

CROQUETTES DE POULET CAJUN
avec salade de légumes

4 portions • PRÉPARATION : 15 minutes • CUISSON : 20 minutes

INGRÉDIENTS

200 g (2 tasses) de chapelure

30 ml (2 c. à soupe) de paprika

15 ml (1 c. à soupe) de mélange d'épices cajun

15 ml (1 c. à soupe) de poudre de chili

Sel et poivre

4 œufs

2 grosses poitrines de poulet, coupées en gros morceaux

SALADE DE LÉGUMES

Brocoli, chou-fleur, courgettes, carottes ou autres légumes au choix

30 ml (2 c. à soupe) d'huile d'olive

15 ml (1 c. à soupe) de jus de citron

Sel et poivre

PRÉPARATION

Préchauffer le four à 180 °C (350 °F).

Dans un sac en plastique, mélanger la chapelure et les assaisonnements.

Battre les œufs et les placer dans un autre sac de plastique.

Mettre les morceaux de poulet dans le mélange d'œufs, puis, à l'aide de pinces, les transférer dans le sac de chapelure. Bien enrober le poulet.

Placer les morceaux sur une plaque allant au four et laisser cuire 20 minutes.

Servir avec une salade de légumes et une pomme de terre au four.

SALADE DE LÉGUMES

Mélanger des morceaux de brocoli, de chou-fleur, de courgettes et de carottes (ou d'autres légumes au choix). Ajouter l'huile d'olive et le jus de citron. Assaisonner au goût.

Valeur nutritive par portion
(croquettes et salade)

Teneur	
Calories 334	
Lipides 12 g	
Sodium 440 mg	
Glucides 46 g	
fibres 3 g	
Protéines 19 g	

à la salsa de maïs

6 portions • PRÉPARATION : 10 minutes • CUISSON : 20 minutes

PRÉPARATION

Dans une grande casserole, faire revenir l'oignon dans l'huile de canola.

Ajouter tous les ingrédients, amener à ébullition, baisser le feu au minimum et laisser mijoter environ 20 minutes, jusqu'à ce que le riz soit cuit.

INGRÉDIENTS

1 petit oignon, haché

15 ml (1 c. à soupe) d'huile de canola

190 g (1 tasse) de riz à grains longs

1 tasse (250 ml) de bouillon de bœuf faible en sodium

1 boîte de 795 ml (28 oz) de tomates broyées sans sodium

1 boîte de 400 ml (14 oz) de maïs en grains, rincé et égoutté

1 boîte de 540 ml (19 oz) de haricots noirs, rincés et égouttés

15 ml (1 c. à soupe) d'origan séché

5 ml (1 c. à thé) de poudre d'ail

Sel et poivre

125 ml (½ tasse) d'eau

Valeur nutritive par portion	
Teneur	
Calories 310	
Lipides 5 g	
Sodium 290 mg	
Glucides 60 g	
fibres 9 g	
Protéines 12 g	

INFO DIABÈTE

Les légumineuses sont d'excellentes sources de fibres. Elles peuvent aider à contrôler la glycémie et le cholestérol. Il est recommandé d'en consommer régulièrement.

SPAGHETTIS
au porc haché

6 portions • PRÉPARATION : 10 minutes • CUISSON : 20 minutes

INGRÉDIENTS

375 g (13 oz) de pâtes de blé entier

Huile de canola

1 oignon, haché

500 g (1 lb) de porc haché

200 g (2 tasses) de chou-fleur

125 g (1 tasse) de céleri en morceaux

750 ml (3 tasses) de sauce à spaghetti du commerce

15 ml (1 c. à soupe) de basilic

15 ml (1 c. à soupe) de poudre d'ail

15 ml (1 c. à soupe) de thym

Sel et poivre au goût

PRÉPARATION

Faire cuire les pâtes dans l'eau bouillante jusqu'à tendreté.

Pendant ce temps, chauffer un peu d'huile de canola dans une poêle, faire revenir l'oignon, puis ajouter le porc haché.

Lorsque le porc est presque cuit, ajouter le chou-fleur et le céleri.

Dans une grande casserole, mélanger le porc haché et les légumes avec la sauce spaghetti. Ajouter les assaisonnements et faire chauffer.

Mélanger les pâtes avec la sauce, puis servir.

SUGGESTION

Vous n'aimez pas les pâtes de blé entier ? Pour vous habituer, faites moitié pâtes blanches, moitié pâtes brunes.

INFO DIABÈTE

Les pâtes de blé entier riches en fibres permettent de contrôler beaucoup plus facilement la glycémie que les pâtes blanches.

Valeur nutritive par portion	
Teneur	
Calories 440	
Lipides 13 g	
Sodium 102 mg	
Glucides 60 g	
fibres 8 g	
Protéines 25 g	

QUICHE AUX ÉPINARDS
avec salade verte

4 portions • PRÉPARATION : 10 minutes • CUISSON : 25 minutes

INGRÉDIENTS

4 œufs

180 ml (¾ tasse) de lait

50 g (½ tasse) de fromage râpé

40 g (¼ tasse) de farine tout usage non blanchie

40 g (¼ tasse) de farine de blé

5 ml (1 c. à thé) de levure chimique

5 ml (1 c. à thé) de poudre d'ail

15 ml (1 c. à soupe) de persil séché

15 ml (1 c. à soupe) d'origan séché

1 oignon, haché

1 poivron rouge, en morceaux

60 g (2 tasses) de jeunes pousses d'épinards

SALADE VERTE

60 g (1 tasse) de laitue romaine, déchiquetée

½ concombre, coupé en cubes

10 ml (2 c. à thé) de vinaigrette au choix

PRÉPARATION

Préchauffer le four à 150 °C (300 °F).

Dans un bol, battre à la fourchette les œufs et le lait. Ajouter le fromage râpé.

Dans un autre bol, mélanger les farines, la levure chimique, la poudre d'ail, le persil et l'origan.

Incorporer le mélange d'œufs graduellement dans le mélange sec, en remuant bien.

Ajouter ensuite l'oignon haché, le poivron rouge et les épinards. Bien mélanger.

Verser la préparation dans un plat à tarte graissé.

Cuire 25 minutes au centre du four et laisser reposer 5 minutes.

SALADE VERTE

Mélanger la laitue romaine déchiquetée, le concombre et une vinaigrette au choix.

Accompagnement : servir avec 2 tranches de pain de grains entiers.

INFO DIABÈTE

Les épinards sont riches en caroténoïdes (la lutéine et la zéaxanthine), des antioxydants particulièrement importants pour la santé oculaire.

Valeur nutritive par portion (quiche, salade et pain)	
Teneur	
Calories 440	
Lipides 19 g	
Sodium 680 mg	
Glucides 45 g	
fibres 7 g	
Protéines 22 g	

SOUPE-REPAS
au bœuf

6 portions • PRÉPARATION : 15 minutes • CUISSON : 40 à 45 minutes

INGRÉDIENTS

15 ml (1 c. à soupe) d'huile de canola

500 g (1 lb) de bœuf, coupé en petits cubes

1 oignon, haché

2 gousses d'ail, écrasées

2 l (8 tasses) d'eau

375 g (3 tasses) de macédoine de légumes congelés

2 carottes, pelées et coupées en tronçons

190 g (1 tasse) d'orge mondé

30 ml (3 c. à soupe) de bouillon de bœuf en poudre

30 ml (2 c. à soupe) de thym séché

2 feuilles de laurier

Sel et poivre

PRÉPARATION

Chauffer l'huile de canola dans une grande casserole et y faire revenir les cubes de bœuf, l'oignon et les gousses d'ail.

Ajouter l'eau, les légumes, l'orge, le bouillon de bœuf et les assaisonnements.

Laisser mijoter à feu doux de 40 à 45 minutes.

. . . .

CONSEIL PRATIQUE

Vous pouvez conserver cette soupe au congélateur.

INFO DIABÈTE

Les fibres solubles de l'orge sont très intéressantes pour les diabétiques, car elles ralentissent la digestion, ce qui permet un meilleur contrôle de la glycémie et de la faim.

Valeur nutritive par portion	
Teneur	
Calories 490	
Lipides 11 g	
Sodium 165 mg	
Glucides 65 g	
fibres 15 g	
Protéines 35 g	

CREVETTES
à la chinoise

6 portions • PRÉPARATION : 10 minutes • CUISSON : 15 minutes

PRÉPARATION

Dans une grande poêle, chauffer l'huile de canola à feu moyen, puis ajouter les crevettes, le zeste et le jus de citron, le brocoli, le persil, la poudre d'ail, le sel et le poivre. Faire sauter environ 5 minutes, jusqu'à ce que les crevettes soient cuites.

Pendant ce temps, verser l'eau bouillante sur les nouilles de riz dans un bol, avec le bouillon de poulet. Laisser tremper 5 minutes, puis vider l'eau.

Servir les crevettes et les légumes sur un nid de nouilles (170 g [1 tasse] de nouilles par personne).

INGRÉDIENTS

15 ml (1 c. à soupe) d'huile de canola

525 g (3½ tasses) de grosses crevettes décortiquées non cuites

Zeste et jus de 1 citron

200 g (2 tasses) de brocoli en morceaux

5 ml (1 c. à thé) de persil frais haché

15 ml (1 c. à soupe) de poudre d'ail

Sel et poivre

1 l (4 tasses) d'eau bouillante

400 g (14 oz) de nouilles de riz

15 ml (1 c. à soupe) de bouillon de poulet en poudre

Valeur nutritive par portion
Teneur
Calories 370
Lipides 4,5 g
Sodium 450 mg
Glucides 58 g
fibres 2 g
Protéines 21 g

INFO DIABÈTE

• •

Les crevettes sont riches en oméga-3, un type de bon gras qui diminue le risque de maladies cardiovasculaires, l'une des complications souvent présentes chez les diabétiques.

BURGERS
de saumon

6 burgers • PRÉPARATION : 15 minutes • CUISSON : 15 minutes

INGRÉDIENTS

3 boîtes de 105 g (3½ oz) de saumon, égoutté

100 g (1 tasse) de chapelure

2 œufs

15 ml (1 c. à soupe) de moutarde de Dijon

125 g (1 tasse) de carottes râpées finement

5 ml (1 c. à thé) de persil séché

15 ml (1 c. à soupe) de poudre d'ail

1 gousse d'ail, écrasée

30 ml (2 c. à soupe) d'huile de canola

6 pains à hamburger de grains entiers

PRÉPARATION

Passer tous les ingrédients, sauf l'huile de canola et les pains, au robot culinaire, ou les mélanger avec une fourchette.

Façonner 6 petites galettes à la main.

Chauffer l'huile de canola dans une poêle et cuire les galettes de 2 à 3 minutes de chaque côté pour bien les dorer.

Garnir chaque pain à hamburger d'une galette et de condiments au goût. Compléter le plat avec une belle salade de légumes.

. . . .

CONSEIL PRATIQUE

Conservez ces galettes au congélateur. Cela vous permettra d'avoir un repas santé sous la main en tout temps.

Valeur nutritive par burger	
Teneur	
Calories 334	
Lipides 12 g	
Sodium 440 mg	
Glucides 46 g	
fibres 3 g	
Protéines 19 g	

BŒUF
à l'orange

4 portions • PRÉPARATION : 10 minutes • CUISSON : 15 minutes

INGRÉDIENTS

4 pommes de terre moyennes

500 g (1 lb) de bœuf, coupé en lanières

60 g (½ tasse) de fécule de maïs

45 ml (3 c. à soupe) d'huile de canola

1 oignon, haché

4 poivrons verts, coupés en lanières

15 ml (1 c. à soupe) de thym séché

Sel et poivre

SAUCE

60 ml (¼ tasse) d'eau

Zeste et jus de 2 oranges
(ou 125 ml [½ tasse] de jus d'orange
100 % pur)

25 g (2 c. à soupe) de sucre

30 ml (2 c. à soupe) de sauce soya
faible en sodium

15 ml (1 c. à soupe) de vinaigre de riz
ou de vinaigre blanc

7 g (1 c. à soupe) de fécule de maïs

PRÉPARATION

Cuire les pommes de terre 20 minutes au four à 180 °C (350 °F).

Enrober les lanières de bœuf de fécule de maïs.

Chauffer l'huile de canola dans une poêle. Faire revenir l'oignon 1 minute, puis faire saisir les lanières de bœuf 3 ou 4 minutes de chaque côté.

Baisser le feu à moyen, ajouter les poivrons, le thym, le sel et le poivre, et laisser cuire environ 10 minutes.

Pendant ce temps, mélanger tous les ingrédients de la sauce.

Verser la sauce sur le bœuf et bien chauffer.

Servir le bœuf avec les pommes de terre.

Valeur nutritive par portion	
Teneur	
Calories 516	
Lipides 17 g	
Sodium 386 mg	
Glucides 60 g	
fibres 4 g	
Protéines 18 g	

BROCHETTES
de poulet à l'érable

4 portions • **PRÉPARATION** : 15 minutes • **CUISSON** : 30 minutes

INGRÉDIENTS

190 g (1 tasse) de riz à grains longs

2 grandes poitrines de poulet
(ou 4 petites), coupées en gros morceaux

10 champignons

2 oignons, coupés en gros morceaux

1 poivron rouge, coupé en gros morceaux

1 poivron jaune, coupé en gros morceaux

MARINADE

45 ml (3 c. à soupe) d'huile d'olive

30 ml (2 c. à soupe) de moutarde de Dijon

1 gousse d'ail, écrasée

30 ml (2 c. à soupe) de sirop d'érable

15 ml (1 c. à soupe) de thym séché

Sel et poivre

PRÉPARATION

Préchauffer le four à 180 °C (350 °F).

Cuire le riz selon les instructions sur l'emballage.

Dans un bol, mélanger tous les ingrédients de la marinade.

Enrober le poulet de marinade et laisser macérer 10 à 30 minutes.

Préparer les brochettes en alternant poulet, champignon, oignon et poivrons.

Cuire 20 minutes au centre du four.

Servir les brochettes avec le riz.

Accompagnement : servir avec une salade au goût.

Valeur nutritive par portion	
Teneur	
Calories 506	
Lipides 15 g	
Sodium 186 mg	
Glucides 55 g	
fibres 4 g	
Protéines 38 g	

SOUPE MEXICAINE
avec croustilles de pita

6 portions • PRÉPARATION : 15 minutes • CUISSON : 45 minutes

PRÉPARATION

Mélanger le bœuf haché, la chapelure et la poudre d'ail, puis presser fermement avec les mains pour former de petites boulettes de la grosseur d'une balle de golf.

Dans une grande casserole, mettre tous les ingrédients, sauf les boulettes et le fromage, et ajouter 500 ml (2 tasses) d'eau.

Cuire à feu moyen jusqu'à ce que le bouillon soit chaud, puis ajouter les boulettes délicatement. Poursuivre la cuisson environ 30 minutes, jusqu'à ce que les boulettes soient cuites.

Ajouter le fromage râpé à la dernière minute.

Servir avec des croustilles de pita.

CROUSTILLES DE PITA

Déchirer les pains pitas en morceaux. Badigeonner les morceaux d'huile d'olive et saupoudrer de poudre d'ail et de paprika. Cuire au centre du four à 180 °C (350 °F) pendant 5 ou 6 minutes, jusqu'à ce que les pitas soient croustillants.

INGRÉDIENTS

500 g (1 lb) de bœuf haché maigre

75 g (¾ tasse) de chapelure

15 ml (1 c. à soupe) de poudre d'ail

1 tasse (250 ml) de bouillon de bœuf

1 boîte de 795 ml (28 oz) de tomates broyées sans sodium

1 boîte de 155 ml (5 oz) de pâte de tomates

2 poivrons rouges, coupés en petits morceaux

1 boîte de 400 ml (14 oz) de maïs en grains, égoutté

3 gousses d'ail, hachées

15 ml (1 c. à soupe) de thym séché

Quelques gouttes de Tabasco

Sel et poivre

100 g (1 tasse) de fromage râpé

CROUSTILLES DE PITA

3 grands pains pitas

15 ml (1 c. à soupe) d'huile d'olive

Poudre d'ail au goût

Paprika au goût

Valeur nutritive par portion (soupe et pita)	
Teneur	
Calories 469	
Lipides 15 g	
Sodium 764 mg	
Glucides 55 g	
fibres 8 g	
Protéines 31 g	

SALADE FRUITÉE
de poulet et quinoa

4 portions • PRÉPARATION : 10 minutes • CUISSON : 25 minutes

INGRÉDIENTS

180 g (1 tasse) de quinoa cru

500 ml (2 tasses) de bouillon de poulet

15 ml (1 c. à soupe) d'huile de canola

1 oignon, haché

2 grandes poitrines de poulet
(ou 4 petites)

5 ml (1 c. à thé) de poudre d'ail

2 carottes, coupées en morceaux

1 courgette, coupée en morceaux

1 pomme rouge, coupée en dés

30 ml (2 c. à soupe) d'huile d'olive

10 ml (2 c. à thé) de jus de citron

15 ml (1 c. à soupe) de thym séché

Sel et poivre

PRÉPARATION

Dans une casserole, cuire le quinoa dans le bouillon de poulet pendant 20 à 25 minutes.

Chauffer l'huile de canola dans une poêle et y faire revenir l'oignon. Ajouter le poulet et la poudre d'ail, et laisser cuire jusqu'à cuisson complète.

Couper le poulet en lanières.

Mélanger le quinoa, le poulet, les carottes, la courgette, la pomme, l'huile d'olive, le jus de citron, le thym séché, le sel et le poivre.

Laisser refroidir au réfrigérateur 15 à 20 minutes avant de servir ou servir tiède.

INFO DIABÈTE

• •

Le quinoa est une céréale entière très riche en fibres solubles et en protéines. C'est donc un excellent choix à mettre au menu régulièrement pour aider à réguler non seulement la glycémie, mais aussi la faim.

Valeur nutritive par portion	
Teneur	
Calories 388	
Lipides 15 g	
Sodium 486 mg	
Glucides 41 g	
fibres 6 g	
Protéines 23 g	

COQUILLETTES
aux olives, au thon et aux tomates

6 portions • PRÉPARATION : 15 minutes • CUISSON : 25 minutes

INGRÉDIENTS

350 g (2½ tasses) de coquillettes
(ou macaronis) de blé entier

15 ml (1 c. à soupe) d'huile de canola

1 oignon, haché

2 gousses d'ail, hachées

2 boîtes de 105 g (3½ oz) de thon,
égoutté

140 g (1 tasse) d'olives noires
ou vertes dénoyautées, coupées
en morceaux

1 boîte de 795 ml (28 oz) de tomates
assaisonnées aux épices italiennes
sans sodium

1 boîte de 155 ml (5 oz) de pâte
de tomates

1 poivron vert, coupé en morceaux

15 ml (1 c. à soupe) de basilic séché

Poivre, au goût

50 g (½ tasse) de fromage râpé

PRÉPARATION

Faire cuire les pâtes dans l'eau bouillante,
jusqu'à ce qu'elles soient tendres.

Chauffer l'huile de canola dans une poêle et
faire revenir l'oignon et l'ail. Ajouter le thon,
les olives, les tomates, la pâte de tomates, le
poivron vert, le basilic et le poivre.

Faire chauffer environ 10 minutes.

Dans une grande casserole ou un saladier,
mélanger les pâtes avec la préparation au
thon et le fromage râpé.

Valeur nutritive par portion	
Teneur	
Calories 372	
Lipides 12 g	
Sodium 830 mg	
Glucides 52 g	
fibres 8 g	
Protéines 20 g	

HAMBURGERS
aux œufs

4 portions • PRÉPARATION : 15 minutes • CUISSON : 7 minutes

PRÉPARATION

Cuire les œufs dans l'eau bouillante pendant 7 minutes pour en faire des œufs durs.

Rincer les œufs cuits à l'eau froide et les écaler.

Dans un grand bol, écraser les œufs grossièrement à la fourchette avec la mayonnaise, le yogourt, l'oignon vert et les assaisonnements.

Griller les pains à hamburger et les garnir avec la préparation aux œufs, 1 tranche de fromage et 1 feuille de laitue.

Accompagnement : servir avec une salade ou des crudités.

INGRÉDIENTS

6 œufs

15 g (1 c. à soupe) de mayonnaise légère

30 g (2 c. à soupe) de yogourt nature

1 oignon vert, haché

15 ml (1 c. à soupe) de poudre d'ail

15 ml (1 c. à soupe) de paprika

Sel et poivre

4 pains à hamburger de grains entiers

4 tranches de fromage fondu

4 feuilles de laitue

INFO DIABÈTE

• •

Les œufs sont riches en protéines et remplacent bien une portion de viande. Les protéines de l'œuf aident à gérer la glycémie ainsi que l'appétit.

Valeur nutritive par portion	
Teneur	
Calories 315	
Lipides 15 g	
Sodium 475 mg	
Glucides 27 g	
fibres 2 g	
Protéines 19 g	

CÔTELETTES DE PORC EN CROÛTE
avec pâtes aux légumes

4 portions • PRÉPARATION : 10 minutes • CUISSON : 10 minutes

INGRÉDIENTS

1 œuf

30 ml (2 c. à soupe) de moutarde de Dijon

120 g (1 tasse) d'amandes moulues

60 g (6 c. à soupe) de farine
tout usage non blanchie

5 ml (1 c. à thé) de poudre d'ail

5 ml (1 c. à thé) de thym séché

Sel et poivre

15 ml (1 c. à soupe) d'huile de canola

4 grosses côtelettes de porc ou 8 petites

PÂTES AUX LÉGUMES

270 g (2 tasses) de pâtes
de blé entier cuites

2 carottes, en morceaux

100 g (1 tasse) de brocoli, en morceaux

2 poivrons, en morceaux

30 ml (2 c. à soupe) d'huile d'olive

15 ml (1 c. à soupe) de jus de citron

Sel et poivre au goût

PRÉPARATION

Battre l'œuf et la moutarde de Dijon dans un bol.

Mélanger les amandes, 20 g (2 c. à soupe) de farine et les assaisonnements dans un autre bol.

Mettre 40 g (4 c. à soupe) de farine dans un troisième bol. Passer les côtelettes dans la farine.

Tremper les côtelettes enfarinées dans l'œuf battu, puis dans le mélange d'amandes en les enrobant bien.

Chauffer l'huile de canola dans une poêle et cuire les côtelettes de 3 à 5 minutes de chaque côté. Servir avec des pâtes aux légumes.

PÂTES AUX LÉGUMES

Mélanger les pâtes de blé entier cuites avec la carotte, le brocoli, le poivron, l'huile d'olive, le jus de citron, le sel et le poivre.

• • • • • • • • • • • • •

SUGGESTION

Remplacez les amandes par 40 g (1 tasse) de céréales de maïs moulues (style Corn Flakes) ou 100 g (1 tasse) de chapelure.

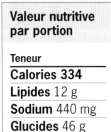

Valeur nutritive par portion	
Teneur	
Calories 334	
Lipides 12 g	
Sodium 440 mg	
Glucides 46 g	
fibres 3 g	
Protéines 19 g	

PAPILLOTES
de sole

4 portions • PRÉPARATION : 10 minutes • CUISSON : 20 minutes

INGRÉDIENTS

285 g (1½ tasse) de riz à grains longs

500 ml (2 tasses) d'eau

15 ml (1 c. à soupe) de bouillon
de poulet en poudre

15 ml (1 c. à soupe) de thym séché

4 filets de sole

15 ml (1 c. à soupe) basilic séché

125 g (1 tasse) de céleri en morceaux

1 poivron rouge, en morceaux

1 petit oignon, en morceaux

200 g (2 tasses) de chou-fleur

15 ml (1 c. à soupe) de jus de citron

Poivre

PRÉPARATION

Préchauffer le four à 180 °C (350 °F).

Cuire le riz dans une casserole avec l'eau,
le bouillon de poulet et le thym environ
20 minutes.

Placer chaque filet de sole sur une feuille
d'aluminium et parsemer de basilic séché.
Répartir le céleri, le poivron, le chou-fleur
et l'oignon autour des filets, poivrer, et fermer
les papillotes.

Cuire au centre du four 15 minutes.

Verser le jus de citron sur la sole cuite,
poivrer et servir chaque portion avec 165 g
(1 tasse) de riz.

Valeur nutritive par portion	
Teneur	
Calories 440	
Lipides 3 g	
Sodium 448 mg	
Glucides 63 g	
fibres 3 g	
Protéines 37 g	

PITA-PIZZA

4 portions • PRÉPARATION : 15 minutes • CUISSON : 10 minutes

INGRÉDIENTS

80 ml (⅓ tasse) de pâte de tomates

10 ml (2 c. à thé) d'huile d'olive

15 ml (1 c. à soupe) de basilic séché

Sel et poivre

4 pains pitas de blé entier

2 petites poitrines de poulet, cuites et coupées en morceaux

2 poivrons, coupés en lanières

100 g (1 tasse) de fromage râpé

PRÉPARATION

Mélanger la pâte de tomates avec l'huile d'olive et le basilic. Saler et poivrer.

Badigeonner les pitas de pâte de tomates préparée.

Garnir les pains de poulet, de poivron et de fromage.

Cuire au centre du four à 180 °C (350 °F) de 5 à 10 minutes, jusqu'à ce que le fromage soit fondu.

Accompagnement : servir avec une salade verte.

• • • • • • • • • • • • • •

CONSEIL PRATIQUE

Si vous souhaitez avoir de la pita-pizza en tout temps sous la main, congelez-la avant la cuisson.

Valeur nutritive par portion	
Teneur	
Calories 423	
Lipides 15 g	
Sodium 587 mg	
Glucides 45 g	
fibres 6 g	
Protéines 30 g	

MUFFINS
aux bleuets

12 muffins • PRÉPARATION : 10 minutes • CUISSON : 20 à 25 minutes

INGRÉDIENTS

150 g (1 tasse) de farine tout usage non blanchie

90 g (1 tasse) de flocons d'avoine à cuisson rapide

25 g (¼ tasse) de son d'avoine

10 ml (2 c. à thé) de levure chimique

60 ml (¼ tasse) d'huile de canola

50 g (¼ tasse) de sucre

2 œufs

250 ml (1 tasse) de lait

225 g (1½ tasse) de bleuets congelés

PRÉPARATION

Préchauffer le four à 180 °C (350 °F).

Mélanger la farine, les flocons d'avoine, le son d'avoine et la levure chimique.

Dans un autre bol, battre pendant 2 minutes l'huile de canola, le sucre et les œufs.

Ajouter le lait graduellement tout en battant.

Verser les ingrédients humides sur les ingrédients secs en mélangeant bien. Ajouter les bleuets congelés.

Verser la préparation dans des moules à muffins et cuire au centre du four de 20 à 25 minutes.

• • • • • • • • • • • • • •

CONSEIL PRATIQUE

Préparez des muffins quand vous avez du temps libre, et congelez-les dans un sac en plastique pour congélateur. Lorsque vous désirez consommer un muffin, passez-le 15 secondes au four à micro-ondes ou laissez-le décongeler au réfrigérateur.

Valeur nutritive par muffin	
Teneur	
Calories 158	
Lipides 6 g	
Sodium 70 mg	
Glucides 23 g	
fibres 2 g	
Protéines 4,6 g	

TAPIOCA
à l'orange

8 portions de 125 ml (½ tasse) • PRÉPARATION : 5 minutes • CUISSON : 10 à 15 minutes

INGRÉDIENTS

180 g (¾ tasse) de tapioca
de grosseur moyenne

750 ml (3 tasses) de lait

5 ml (1 c. à thé) de vanille

250 ml (1 tasse) de jus d'orange
100 % pur

12 g (1 c. à soupe) de sucre blanc

PRÉPARATION

Dans une casserole, chauffer à feu doux le tapioca, le lait, la vanille, le jus d'orange et le sucre.

Laisser mijoter jusqu'à épaississement, environ 10 à 15 minutes.

Faire refroidir. Déguster froid ou tiède.

INFO DIABÈTE

Les jus de fruits 100 % purs, même s'ils ne sont pas additionnés de sucre, renferment des glucides rapidement assimilables qui font augmenter la glycémie rapidement. Mieux vaut éviter le jus de fruit le matin et le soir si votre glycémie est difficile à contrôler. Il est également conseillé de ne pas consommer plus de 250 ml (1 tasse) de jus par jour, ce qui équivaut à deux portions de fruits.

Valeur nutritive par portion	
Teneur	
Calories 79	
Lipides 1 g	
Sodium 40 mg	
Glucides 14 g	
fibres 0 g	
Protéines 4 g	

CROUSTADE
aux pêches

10 portions • PRÉPARATION : 10 minutes • CUISSON : 20 minutes

PRÉPARATION

Préchauffer le four à 180 °C (350 °F).

Mélanger les flocons d'avoine, la farine, les amandes et la cassonade.

Incorporer les œufs et la margarine.

Dans un plat allant au four, étaler les pêches, puis verser le mélange de flocons d'avoine. Bien répartir.

Faire cuire au four pendant 20 minutes.

• • • • • • • • • • • • • •

SUGGESTIONS

- Cette recette peut se faire facilement avec des poires, des pommes, des petits fruits, de la rhubarbe, des nectarines, des cerises ou de l'ananas. Les fruits congelés ou en conserve bien égouttés peuvent être une solution intéressante pour remplacer les fruits frais.
- Si vous n'avez pas d'amandes effilées, omettez-les simplement ou remplacez-les par une autre sorte de noix.

INGRÉDIENTS

180 g (2 tasses) de flocons d'avoine à cuisson longue

40 g (¼ tasse) de farine de blé

75 g (½ tasse) d'amandes effilées ou d'autres noix coupées

50 g (¼ tasse) de cassonade

2 œufs, battus

30 ml (2 c. à soupe) de margarine fondue

540 g (3 tasses) de pêches fraîches coupées en morceaux (ou de pêches en conserve égouttées)

INFO DIABÈTE

• •

L'amande est un choix riche en nutriments, en fibres, en protéines et en antioxydants. Sa consommation quotidienne aurait un effet bénéfique pour diminuer le LDL sanguin (mauvais cholestérol) et aider à mieux contrôler la glycémie. Une petite poignée d'amandes par jour en collation ou aux repas est un bon choix pour votre santé.

Valeur nutritive par portion	
Teneur	
Calories 165	
Lipides 46 g	
Sodium 32 mg	
Glucides 23 g	
fibres 3 g	
Protéines 5 g	

BISCUITS
à l'avoine et aux dattes

25 biscuits • PRÉPARATION : 10 minutes • CUISSON : 25 minutes

INGRÉDIENTS

380 g (2 tasses) de dattes séchées

500 ml (2 tasses) d'eau

180 g (2 tasses) de flocons d'avoine à cuisson rapide

150 g (1 tasse) de farine de blé entier

5 ml (1 c. à thé) de levure chimique

2 œufs

50 g (¼ tasse) de cassonade

375 ml (1½ tasse) de lait

PRÉPARATION

Préchauffer le four à 180 °C (350 °F).

Dans une casserole, cuire les dattes dans l'eau pendant environ 15 minutes, jusqu'à évaporation complète. Une fois les dattes cuites, les écraser à la fourchette.

Dans un bol, mélanger tous les ingrédients secs, sauf la cassonade.

Au batteur, battre les œufs avec la cassonade. Incorporer le lait graduellement.

Ajouter ensuite la purée de dattes avec une cuillère.

Verser le mélange humide sur le mélange sec. Bien mélanger.

À l'aide d'une cuillère à crème glacée, déposer la pâte sur une plaque allant au four graissée ou tapissée de papier parchemin. Cuire au centre du four pendant 10 minutes.

Valeur nutritive par biscuit	
Teneur	
Calories 83	
Lipides 1 g	
Sodium 24 mg	
Glucides 17 g	
fibres 2 g	
Protéines 3 g	

POUDING
au citron

6 portions • **PRÉPARATION** : 5 minutes • **CUISSON** : 6 à 7 minutes

INGRÉDIENTS

500 ml (2 tasses) de lait

15 g (2 c. à soupe) de fécule de maïs

50 g (¼ tasse) de sucre blanc

125 ml (²/₃ tasse) de jus de citron frais

PRÉPARATION

Mélanger tous les ingrédients, sauf le jus de citron, dans une casserole. Chauffer à feu moyen en remuant constamment.

Faire épaissir le liquide (environ 6 à 7 minutes). Une fois le liquide épaissi, ajouter le jus de citron et bien mélanger.

Verser dans six ramequins de 160 ml (²/₃ tasse) et réfrigérer.

Valeur nutritive par portion
Teneur
Calories 85
Lipides 0,8 g
Sodium 40 mg
Glucides 17 g
fibres 0 g
Protéines 3 g

Diplômée en biochimie et en nutrition de l'Université Laval, Alexandra Leduc est avant tout une nutritionniste passionnée par les saveurs et soucieuse de la santé de la population. En 2010, elle fonde l'entreprise Makéa (www.makea.ca), qui lui permet d'offrir une gamme de services pour aider la population à manger sainement. La clinique de nutrition Makéa reçoit en consultation différents types de clientèles qui, grâce à des services personnalisés, réussissent à atteindre leurs objectifs de santé.

Alexandra transmet également sa passion pour la santé en donnant des conférences, en participant à des chroniques radio et en collaborant à plusieurs revues, journaux et médias Web. Vous pouvez également consulter ses chroniques et suivre ses conseils sur son site Internet (www.alexandraleduc.com).

Elle aime tout particulièrement développer des recettes santé et savoureuses. Elle est l'auteure de plusieurs livres de cuisine. *Cuisine 5 ingrédients*, sorti en 2012, est un ouvrage parfait pour ceux qui désirent cuisiner sainement, mais rapidement, sans compromettre le goût. *Cuisine camping*, sorti en 2013, s'adresse aux adeptes du plein air qui désirent cuisiner à l'extérieur tout en variant leur alimentation.

En 2011, elle a été nommée « Jeune personnalité d'affaires 2011 – Catégorie services professionnels » lors du concours JPA de la Jeune chambre de commerce de Québec. En mai 2013, elle a également reçu le prix « Jeune femme de mérite 2013 » lors du concours et gala *Femmes de mérite* de la YWCA Québec.

www.alexandraleduc.com

REMERCIEMENTS

Tout d'abord, un immense merci à ma famille et à mon conjoint, sans qui je ne ferais sûrement pas ce que je fais aujourd'hui. Votre soutien et vos encouragements inconditionnels comptent beaucoup pour moi.

Merci à trois collaboratrices hors pair, Laurie Parent-Drolet, Marie-Pier Tremblay et Alexandra Morneau, toutes trois nutritionnistes. Vous avez testé avec plaisir les recettes et avez su me guider avec votre expérience clinique et vos commentaires toujours pertinents.

Un merci tout particulier au Groupe Modus, à Marc et à Isabelle pour votre confiance et pour les beaux projets auxquels vous me permettez de participer; vous me faites vivre une belle expérience. Merci pour votre travail qui aidera sans aucun doute la population à manger plus sainement. Je remercie également l'éditrice adjointe Nolwenn pour ses conseils et suggestions, et les designers graphiques Émilie, Gabrielle et Marianne pour la belle mise en page.

Je ne peux passer sous silence le travail d'André Noël, photographe, qui sait toujours nous mettre l'eau à la bouche avec ses magnifiques photographies.

Finalement, j'aimerais dédier ce livre à Alexandra. Ce livre est pour toi et pour Claire, l'étoile la plus brillante qui veille sur nous.

RESSOURCES
pour les gens atteints de diabète

MATÉRIEL ÉDUCATIF

DIABÈTE QUÉBEC et QUÉBEC : MINISTÈRE DE LA SANTÉ ET DES SERVICES SOCIAUX. *Guide d'alimentation pour la personne diabétique*, Québec, La Direction de communications du ministère de la Santé et des Services sociaux, 2011, 62 p.

DIABÈTE QUÉBEC et QUÉBEC : MINISTÈRE DE LA SANTÉ ET DES SERVICES SOCIAUX. *Coup d'œil sur l'alimentation de la personne diabétique*, 2007, 8 p.

GALIBOIS, Isabelle. *Le diabète de type 1 et ses défis alimentaires quotidiens*, Québec, Les Presses de l'Université Laval, 2005, 248 pages.

POIRIER, Isabelle et Geneviève CÔTÉ. *Guide de poche pour vos repas au restaurant.* Diabète Québec, 2003, 23 p.

STRYCHAR, Irene. *Dietary Behaviours, Nutrition Programs and Counselling: A Guide for Nutrition Educators.* Département de nutrition, Université de Montréal et Centre hospitalier de l'Université de Montréal, Montréal, 2007, 83 p.

ORGANISMES

ÉTATS-UNIS
American Association of Diabetes Educators (AADE)
www.diabeteseducator.org

American Diabetes Association (ADA)
www.diabetes.org

CANADA
Association canadienne du diabète (ACD)
www.diabetes.ca/pensezy

Association des infirmières et des infirmiers en soins de pieds du Québec (AIISPQ)
www.aiispq.org

Diabète Québec (DQ)
www.diabete.qc.ca
Plusieurs dépliants sont offerts (carnet de santé pour les personnes atteintes de diabète par exemple).

La Fondation pour enfants diabétiques
www.diabetes-children.ca/fr/

Ordre des podiatres du Québec
www.ordredespodiatres.qc.ca

FRANCE
Association française des diabétiques
www.afd.asso.fr

Aide aux jeunes diabétiques (AJD)
www.diabete-france.net

SUISSE
Association suisse du diabète (SDG-ASD)
www.diabetesgesellschaft.ch/fr

BELGIQUE
Association belge du diabète (ABD)
www.diabete-abd.be

GLOSSAIRE

Glucides : Les glucides sont des nutriments présents dans des aliments qui constituent une source d'énergie. Les glucides comprennent le sucre, l'amidon et les fibres. Les glucides se trouvent dans les produits céréaliers, les fruits, certains légumes, le lait et certains aliments transformés. Le corps humain transforme les glucides en glucose, ce qui fait augmenter la glycémie. Même si une personne est diabétique, elle doit consommer des aliments contenant des glucides.

Glucomètre : C'est un lecteur de glycémie. Cet outil permet de tester la glycémie soi-même à la maison. C'est un outil pratique pour surveiller la glycémie sur une base quotidienne et pour constater l'effet de l'alimentation sur l'organisme.

Glycémie : La glycémie est la quantité de sucre qui se trouve dans le sang à un certain moment dans la journée. Si la glycémie est élevée, il y a possibilité de diagnostic de diabète. La glycémie s'élève normalement après les repas pour redescendre tranquillement après les repas.

Insuline : L'insuline est une hormone produite par le pancréas. Cette hormone contrôle la quantité de sucre dans le sang. Chez la personne diabétique, le pancréas produit peu d'insuline ou même pas du tout. Il se peut aussi que l'action de l'insuline soit problématique, ce qui fait que la glycémie reste élevée après les repas.

Nutritionniste-diététiste : Les termes nutritionniste et diététiste sont synonymes au Québec. Ailleurs, c'est le nom diététiste qui est utilisé pour mentionner les professionnels de la santé liés à l'alimentation. Les diététistes détiennent un diplôme universitaire en alimentation et en nutrition. Ils peuvent conseiller leurs clients afin de favoriser la santé et de prendre en charge des maladies comme le diabète.

Pancréas : Situé près de l'estomac, le pancréas est l'organe qui produit l'hormone appelée insuline.

INDEX
des recettes

TABLEAU
des équivalences

1 c. à thé au Québec équivaut à 1 c. à café en France

QUÉBEC	FRANCE
Beigne	Beignet
Beurre d'arachide	Beurre de cacahouètes
Bleuets	Myrtilles
Canneberges	Cranberries
Cassonade	Sucre roux ou vergeoise
Croustade	Crumble
Croustilles	Chips
Farine de blé entier	Farine type 110
Farine tout usage non blanchie	Farine type 65
Fécule de maïs	Maïzena
Filet de porc	Filet mignon
Fromage cottage	Fromage ricotta ou fromage blanc
Granolas	Céréales à base de flocons d'avoine
Gruau	Flocons d'avoine
Lait 0 % ou 1% M.G.	Lait écrémé
Lait 2 % M.G.	lait demi-écrémé
Lait 3,25 % M.G.	lait entier
Noix de Grenoble	Noix
Pacane	Noix de pécan
Papier parchemin	Papier sulfurisé
Pâte de tomates	Concentré de tomates
Popsicle	Sucette glacée
Poudre levante (communément appelée « poudre à pâte »)	Levure chimique
Tapioca perlé	Perles du Japon
Yogourt	Yaourt